"I'll race you into the ocean!" Kupe yelled out to the other children on the beach. Soon, Kupe and his friends were kicking up the soft, white sand with their bare feet as they ran into the crystal turquoise water of the lagoon.

«Te ta'ata e tāpae 'oi'oi i tai, tei iāna te rē!» te reo ïa 'o Kupe i te mau tamari'i i tahatai. Horo 'oi'oi atura 'o Kupe 'e tōna mau hoa nā ni'a atu i te one e tae roa i te moana nīnamu, hopuhopu haere noa ai.

Forceps Fish
Paraha 'uturoa

Spotted Boxfish
Mōmoa

Moorish Idol
Paraha tore

Once they were in the water the kids swam out to the coral reef. It was like another world out there just meters from the shore. Brightly colored corals of all different shapes and sizes were the home to more fish and organisms than Kupe could imagine.

Today, Kupe stayed very still, floating on the surface of the water to watch an ornate butterflyfish munching on a piece of nearby coral. But when he looked around he saw that he was surrounded by hundreds of amazing organisms. Blue green chromis hovered over a coral head. A chevron butterflyfish swam by flashing its bright yellow fins.

Yes, the reef was the home and place of reunion for many different organisms. It was in this location where sea turtles could find food, where crabs could build their homes, and where fish could find places to hide from larger predators.

'Ōpua a'era te pupu i te 'au roa i te pae a'au. E ao 'ē roa i 'ō, noa atu ā ia te piri i te pae tahatai. 'Ua rau te huru te 'ū 'e te fāito o te to'a, te pu'a 'e te farero, tei riro 'ei puna nō te i'a 'e te mau mea oraora e rave rahi, tā Kupe i 'ore i mana'o mai te reira te huru.

Tē pāinu haere noa ra 'o Kupe 'a hipahipa noa ai i te tōtara tē titotito noa ra i te to'a. 'Ia neva a'e rā 'oia e tini e tini i'a oraora tē hā'ati nei iāna. Tē 'ō'ohu noa ra te 'ātoti nīnamu nā ni'a a'e i te pu'a. Tē oriori noa ra te pāraharaha tāhirihiri noa ai i tōna nau pererau re'are'a pura.

E puna mau te a'au 'e e ha'apūra'a nō te mau i'a e rave rau. I reira ho'i te honu e 'ai ai i tāna mā'a, te pa'apa'a e 'apa'apa ai i tōna nohora'a 'e te i'a e pūpuni ai 'ei pārurura'a i te mau i'a moemoe mā'a.

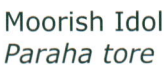

Published by
Taylor Trade Publishing

An imprint of
Rowman & Littlefield
4501 Forbes Boulevard, Suite 200, Lanham, Maryland 20706
www.rowman.com

10 Thornbury Road, Plymouth PL6 7PP, United Kingdom

Distributed by National Book Network

Copyright © 2014 by Jacqueline L. Padilla-Gamiño

Illustrations copyright © 2014 by Marjorie C. Leggitt

All rights reserved. No part of this book may be reproduced in any form or by any electronic or mechanical means, including information storage and retrieval systems, without written permission from the publisher, except by a reviewer who may quote passages in a review.

Library of Congress Cataloging-in-Publication Data Available

ISBN: 978-1-58979-780-2 (pbk.)

Printed in China

About the Long Term Ecological Research (LTER) Network (lternet.edu)

The LTER network is a large-scale program supported by the National Science Foundation. It consists of 25 ecological research projects, each of which is focused on a different ecosystem. The goals of the LTER network are:

Understanding: To understand a diverse array of ecosystems at multiple spatial and temporal scales.

Synthesis: To create general knowledge through long-term, interdisciplinary research, synthesis of information, and development of theory.

Information: To inform the LTER and broader scientific community by creating well designed and well documented databases.

Legacies: To create a legacy of well designed and documented long-term observations, experiments, and archives of samples and specimens for future generations.

Education: To promote training, teaching, and learning about long-term ecological research and the Earth's ecosystems, and to educate a new generation of scientists.

Outreach: To reach out to the broader scientific community, natural resource managers, policymakers, and the general public by providing decision support, information, recommendations, and the knowledge and capability to address complex environmental challenges.

Acknowledgements

Funding for *Kupe and the Corals* was provided by the U.S. National Science Foundation under grants OCE 04-17412, 10-26851 and 12-36905 to the Moorea Coral Reef LTER site. Further funding was provided by generous donations from the Gordon and Betty Moore Foundation and Pam Omidyar. Teurumereariki Hinano Teavai Murphy of the UC Berkeley Richard B. Gump South Pacific Research Station's Atitia Center, and the Association Te Pu 'Atiti'a provided invaluable logistical support. Thanks to Theresa Howell for her wonderful editorial input and special thanks to Andrew Brooks and Amy Rinehart, who provided support and guidance through the adventure of making this book a reality. Jaqueline Padilla-Gamiño, Lisandro Carbajal, Pablo Quiroga, Kahealani Lono, Kuuipolani Kanahele Wong, Giacomo Bernardi, Mirose Paia, Christine Arakino, and Francoise Tuiho translated the book into Spanish, Hawaiian, French, Tahitian, and Paumotu. Thanks to Diane McKnight, Michelle Kissinger, Ruth Gates, Peter Edmunds, and Judith Lemus who provided support during the earlier stages of this project. Andrew Brooks, Melissa Holbrook Schmitt, Elizabeth Lenz, and the McIlroy family assisted with the main illustrations. Children's illustrations are courteous of the third grade students at Girls Inc., in Goleta, California, class CM2 of Caroline Fauura at PaoPao Elementary School on Moorea, French Polynesia, and students of the Hanahau'oli School on Oahu, Hawai'i.

Dedication / Dédicace

To ocean explorers: past, present and future.

Nō te mau 'ihitaí í mutaa a'eneí, í teíe mahana, 'e a muri noa atu.

A mi Pequeña Mali.   –JPG

To Annie and Betsy for introducing my art to the world of children's books.   –MCL

Kupe lived on the island of Moorea in French Polynesia, just west of Tahiti. His home was surrounded by the South Pacific Ocean. Today when he stepped out of the water into the warm afternoon air, he stared up at the majestic mountains of his island. The sun was just beginning to sink down below the peaks, turning the sky all sorts of incredible sunset colors.

E noho na 'o Kupe i Mo'orea, i te pae tō'o'a o te rā ia Tahiti, i Pōrīnetia. Mai tōna fare ra, e 'ite-noa-hia atu te tārava hope 'ore o te moana a Hiva. I teie mahana, 'ia oti mai 'oia i te i te hopuhopu miti tau'ai noa atu ai i te haumārū o te tahara'a mahana, māta'ita'i ihora 'oia i nau mou'a teitei o tōna 'āi'a. Nō mo'emo'e noa atura te hihi o te rā i muri mai i nau tapua'e mā te fa'a'ura'ura i te ra'i.

Moorea is a volcanic island in French Polynesia created by an oceanic volcano in the middle of the Pacific Ocean. Magma (molten rock) erupted through a vent in the earth's crust and deposited large amounts of lava on the sea floor. Over time, this built up as an undersea volcanic mountain. When the peak rose above sea level it became an island.

Corals live in Moorea and other tropical islands because the ocean water in these regions is warm and clear. Corals settle along the shore, and along with other marine organisms, create reefs. The reef on Moorea has three parts to it: the barrier reef separating the island from the open ocean, the shallow back reef and lagoon, and the fringing reef along the shore.

E fenua mou'a 'o Moorea i Pōrīnetia farāni, tei pū mai mai roto i te mou'a auahi i rōpu i te Moana o Hiva. Mai reira, ua māhu mai te tūtae auahi mai tōna 'āpo'o auahi i niu mai ai te reira i ni'a i te papa moana. 'A tau 'e 'a tau, 'ua riro mai ei mou'a moana, 'ia fāura mai tōna tara, 'ua riro mai ia 'ei motu.

I Moorea mai te tahi atu mau motu, e tupu 'aere te mau to'a no te mea e mea reru 'ore 'e te māhanahana te miti moana i teie mau pae fenua. E ora haere te mau to'a i te pae miti 'e te tahi atu mau mea ora o te moana, 'a fa'atupu mai ai te tārava to'a . E toru tuhaa tō te tārava to'a i Moorea: Te a'au, e fa'ata'a'ē i te motu 'e 'o tua, te āhua pāpa'u e fa'ata'a'ē i te motu 'e te tairoto, 'e te papa i te pae fenua.

Kupe raced home, down the sandy roads and past palm trees to his house. His father was going to take him fishing tonight.

His family's long, blue fishing boat was waiting in the sand, ready to be pulled out into the water as soon as the sun set. Kupe helped his father gather up their fishing rods, bait, and pole spears and load them into the boat.

Kupe loved fishing with his father. He was learning how to wait for the fish, which ones to catch, and to only keep what was needed.

Ha'avitiviti ihora 'o Kupe i te ho'i i te fare nā te uru ha'ari. I teie pō, e 'āfa'i tōna pāpā iāna i te tautai pae.

'Ua ineine te poti tautai nīnamu i ni'a, te pae, te tu'u i te noa ra'a te toe 'a tape te mahana. Tauturu a'era 'o Kupe i tōna pāpā i te tiera'a i te 'ā'ira hī, te matau, te 'apa 'e te pātia i roto i te poti.

E mea au rahi nā Kupe te 'ohipa tautai 'e tōna pāpā tei ha'api'i iāna i te moemoe i te i'a, i te mā'iti i te i'a 'e i te tautai noa i tei au.

It was a beautiful night, calm and clear. Kupe and his father sat in their fishing boat and waited.

"Look up at the stars, son," said Kupe's father. "Long ago, the Polynesian fishermen used the stars to help guide them through the ocean at night. They are like a map in the sky."

Kupe looked up and imagined what it must have been like a long time ago. Then he stared at the reflection of the stars and the moon in the still water.

E pō nehenehe, māramarama 'e te hau. Tē tīa'i māru noa ra 'o Kupe 'e tōna pāpā 'ia 'amu te i'a.

«'A hi'o na i te feti'a, e 'aiū,» te reo ïa o tōna pāpā. «I mua a'e nei, e mea maoro i teienei, nā te feti'a e arata'i i te mau tupuna nā ni'a i te moana. 'Ua riro te mau feti'a 'ei hōho'a fenua i ni'a i te ra'i.»

Māta'ita'i ihora 'o Kupe 'a tāmata noa ai i te feruri mai te aha rā te huru i te tau mātāmua. Hi'o tūtonu a'era i te ata o te feti'a 'e tō te 'āva'e i ni'a i te miti.

Just then, the surface of the water started to break. Something magical was happening. Tiny pink and light brown bubbles, only about 2 millimeters in diameter, were floating all around their boat. Kupe had heard people talk about the bubbles before, but he had never seen them.

"What are they?" he asked his father excitedly.

"These colorful bubbles put on a show once a year for us, son. We are lucky to be here tonight. Let's stay and watch for a while."

Pātītī ihora te miti. E 'ohipa māere rahi tāna e 'ite nei. E rave rahi mau 'ōpūpū ri'i tārona 'e te hiri, e pāinu haere nei e 'ati a'e te poti. 'Ua fa'aro'oro'o a'enei ihoā 'o Kupe i tō rātou parau, 'a tahi rā 'oia 'a 'ite ai i teie mau mea.

Ui 'oi'oi atura 'oia i tōna pāpā «e aha terā mea?»

«E fā mai terā mau 'ōpūpū ri'i hō'ē taime i te matahiti. E'ita 'oe e 'ite haere noa i terā 'ohipa, e'ere fāna'o nei tō tāua i teie pō! 'Eiaha e ha'uti, 'a māta'ita'i na.»

Kupe and his father lifted their poles out of the water and sat watching as the bubbles continued to rise. Below the surface, small fish, zooplankton, and polka-dotted crabs came out to watch the amazing spectacle as well.

"Look, Kupe!" his father exclaimed. He pointed to some tiny blue fish that were swimming to the top to eat some of the bubbles.

Kupe was captivated and very curious. He leaned over the side of the canoe with a cup in his hand and very gently scooped up some of the water, carefully collecting the bubbles floating on top. He took a close look at what he had gathered. About twenty spherical bundles floated in the water in his cup.

Kupe knew he had to learn more about what was surrounding him tonight in the South Pacific Ocean. His father was right; they were lucky to have been out tonight.

Fa'aho'i mai nei 'o Kupe 'e tōna pāpā i tā rāua 'ā'ira hī, pārahirahi ihora nō te māta'ita'i i te mau 'ōpūpū ri'i e pe'epe'e mai ra. I raro atu, tē fāuraura maira te i'a e rave rau 'e te pa'apa'a nō te māta'ita'i ato'a.

«E Kupe, 'a hi'o na!» nā 'ō a'era tōnā pāpā, mā te fa'atoro i te mau i'a nīnamu hūhu'a tē a'e maira nō te apuapu i teie mau 'ōpūpū.

Tē hi'opo'a māere noa nei 'o Kupe. Fa'a'ao atura 'oia nā te hiti poti, tāipu maira ma'a pape ri'i 'e tau 'ōpūpū ri'i. Hi'ohi'o ihora i tāna i tāipu mai. E piti 'ahuru ti'ahapa paha 'ōpūpū ri'i tē pāinu haere noa nei i roto i tāna fa'ari'i.

Ua 'ite 'o Kupe e tē toe rahi ra ā te mea tāna e ha'api'i nō ni'a i teie ao e fa'a'ati nei iāna i teie ru'i, i ni'a i teie moana. 'Ua tano ihoā tōna metua tāne; ua fāna'o rāua i te haerera'a e tautai i taua ru'i ra.

Zooplankton
Zooplancton

When Kupe and his father got back to the shore, Kupe ran as fast as he could toward his house. He was careful not to spill the water in the cup holding his beautiful treasure. He couldn't wait to show his mother and sister what he had seen.

"Aue! Kupe captured bubbles from the sea!" his sister yelled.

"I think that's what they are," Kupe said. "But I'm not sure."

"Tomorrow, after you get some rest, you could go to the Atitia Center and see if someone there knows more about what you have found, Kupe," his mother suggested.

Kupe thought that sounded like a good idea. He knew that at the Atitia Center there were teachers and experts who knew all about his island. He had been there before to ask questions.

He put the cup down next to his bed and fell asleep.

'Ia ho'i mai 'o Kupe rāua tōna pāpā i te fenua, horo ha'aviviti atura 'o Kupe i te fare mā te ha'apa'o maita'i a'uanei te pape o te fa'ari'i e mani'i mai ai, e au atu ra ho'i ē, e pirū teie. E hina'aro rahi tona e fa'a'ite 'oi'oi tōna māmā 'e tōna tunuahine i tāna i 'ite mai.

«Auē! e 'ōpūpū tā Kupe i roa'a mai nō roto mai i te miti!» tuō a'era te tuahine.

«'Ia mana'o ana'e au e 'ōpūpū 'aita rā i pāpū maita'i iā'u.» nā 'ō atura 'o Kupe.

«Ananahi, 'ïa māha tō 'oe rohirohi e Kupe, e haere 'oe i te Pū 'Ātiti'a, penei a'e tē vai ra te tahi ta'ata tei 'ite eaha mau teie,» te reo ïa o tōna māmā.

«'Oia mau,» mana'o a'era 'o Kupe. Tē vai ra ihoā te mau 'aivāna'a e rau huru i te Pū 'Ātiti'a, 'e 'ua mātau maita'i rātou i te fenua tā'āto'a. 'Ua fārerei a'enei 'oia ia rātou nō te tahi mau ha'amāramaramara'a.

Vaiho ihora i tāna fa'ari'i i pīha'i iho i tōna ro'i 'e vare'a atura i te ta'oto.

The next morning Kupe awoke to the sound of the waves crashing on the shore outside his window. The sound reminded him of the beautiful spectacle he and his father had seen the night before. He picked up the cup to check on the bubbles that he had scooped up from the ocean.

They did not look the same as they did the night before. He had a hard time seeing them at all. They were much smaller and they were not on the surface anymore. They had sunk down to the bottom of the cup.

"I better hurry to the Atitia Center right now before my bubbles completely disappear," he thought to himself.

'Ia po'ipo'i a'e, ara maira 'o Kupe, tē muhumuhu noa ra te 'are miti i te ātea. Ha'amana'o ihora i te 'ohipa fa'ahiahia tā rāua tōna pāpā i 'ite inapō. Rave a'era i te fa'ari'i nō te hi'opo'a i te mau 'ōpūpū tāna i tāipu mai i tai.

E huru ta'a'ē tō rātou i teienei. E mea huru fifi i te 'ite pāpū ia rātou. 'Ua hu'a roa hia atu rātou e 'ua topa i raro roa i te fa'ari'i.

«E haere 'oi'oi i te Pū 'Ātiti'a, 'a mo'e roa atu rātou,» mana'o ihora 'oia.

"Hello Kupe," the elder said, as Kupe and his father approached the fare pote'e, or traditional meeting house, of the Atitia Center. "What brings you here today?"

"You won't believe what my father and I saw last night while we were out fishing!" Kupe exclaimed. He told him all about the bubbles and the colors and the creatures from the night before.

"Well, well!" the elder smiled. "You have been witness to a very special event. It only occurs once a year. What you saw were the corals releasing their young."

Kupe looked into his cup. "Do you mean that these are coral babies?" he asked.

"Yes," the elder smiled. "They were released by their parents last night and will drift while they are young until they find a good place to live."

«'Ia ora na, e Kupe,» te reo fa'ari ïa o te ta'ata pa'ari o te Pū ia rāua tōna pāpā e tomo mai nei i roto i te fare pote'e, «Eaha tō 'ōrua tere i 'ō nei i teie mahana?»

«'Ua 'ite 'outou e aha tā māua tō'u pāpā i 'ite inapō, 'a tāi'a noa ai māua!» Parau atu nei 'oia. Fa'ati'a pauroa atura nō te mau 'ōpūpū, te mau 'ū 'e te mau mea oraora ato'a tā rāua i 'ite inapō.

«A!» parau mai nei rātou, «'ua 'ite 'ōrua i te hō'ē 'ohipa fa'ahiahia tē tupu hō'ē ana'e taime i te matahiti. 'O te mau to'a te reira tē tu'utu'u ra i tō rātou mau fanau'a ri'i.»

Fa'a'ao a'era 'o Kupe i roto i tāna fa'ari'i. «'O te mau fanau'a to'a tō roto?» ui atura 'oia. «'Ē, 'oia mau,» pāhono maira te rū'au mā te 'ata'ata, «'Ua tu'uhia rātou 'e tō rātou mau metua inapō 'e e pāinu haere rātou i te 'āpīra'a ra 'e tau atu ai i te vāhi tei au ia rātou.»

Kupe was so happy to learn that he had collected young corals, but he wanted to learn more. As he was walking home, he realized he forgot to ask about why the young corals looked so different from the way they looked the night before.

"Hmm," he thought to himself. "I wonder where I can go to find more information about corals?"

He decided to visit the Gump station. He knew scientists worked there, but he had never talked to one.

'Ua 'oa'oa roa 'o Kupe i te 'itera'a ē, 'ua pōpo'i mai 'oia i te mau to'a fanau'a 'e tē hina'aro nei rā 'oia e tuatāpapa atu ā i ni'a i te reira. 'A ho'i marū noa mai ai 'oia, ha'amana'o ihora 'ua mo'ehia iāna i te ani atu nō te aha te huru o teie mau fanau'a i taui ai.

«'Ahē,» mana'o a'era 'o ia. «E haere rā i hea e uiui ai?»

'Ōpua a'era i te haere i te Pū hi'opo'ara'a Gump tei reira ato'a te mau 'aivāna'a 'aita rā 'oia i fārerei a'enei i te hō'ē o rātou.

He wandered into one of the outdoor laboratories at the Gump Center. It was filled with large tables full of seawater and all sorts of equipment that Kupe had never seen before.

As he looked around, a student at the Gump Center approached Kupe. "Hello," she said. "My name is Lilia. Can I help you with something?"

Kupe found that he wasn't sure what to say. He held out his corals to show her. "I…I found these young corals out at sea last night," he began.

"That's wonderful!" Lilia exclaimed. "Would you like see your corals up close?" she asked.

"Up close? What do you mean?" Kupe asked.

"Follow me and I'll show you," Lilia said.

coral larvae
tirotiro to'a

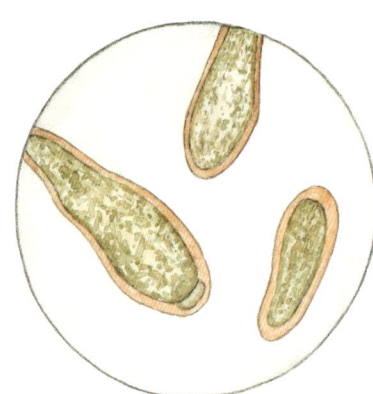

Tomo atura i roto i te hō'ē o te mau piha mā'imi'imira'a o te pū hi'opo'ara'a Gump. 'Ua 'ī i te 'afata hi'o fa'aoraora'a 'ina'i moana 'e e rave rahi atu mau huru mauiha'a tāna i 'ore i 'ite a'enei.

Tē māta'ita'i noa ra 'oia i teie mau mātini, tē haere mai nei te tahi pīahi tamahine nō te Pū. «'Ia ora na,» 'o Lilia tō'u i'oa. «E 'ohipa tā 'oe e 'imi nei?»

'Aita i matara ia Kupe i te pāhono. Fa'a'ite atura i te mau to'a fanau'a. «'Ua 'itehia mai iā'u teie mau to'a inapō.»

«E mea fa'ahiahia,» nā 'ō maira 'o Lilia. «E'ita 'oe e hina'aro e hi'opo'a maita'i ïa rātou?»

«Hi'opo'a? Mai te aha ïa te huru?» ani atura 'o Kupe.

«Haere mai, e fa'a'ite au ia 'oe,» pāhono atura 'o Lilia.

Kupe followed her to the lab, where she showed him a microscope. Very carefully, she transferred the young corals to a shallow dish, placed it under the microscope, and peered in.

"Look, your coral larvae can swim," she said.

Kupe looked in the microscope and saw them. They were so beautiful! Up close he could really see their oblong shape. Each one was at least two different colors, one color in the center, and one thin band of color around the outside. He also noticed that they could swim in different directions.

Kupe learned that what he had collected the night before were actually egg and sperm bundles.

"The egg and sperm come together in the ocean and form a larva," Lilia said. "They will look like this until they find a place to settle, and then they will change form again. Soon they will look like little corals."

coral polyp
aveave to'a

Nā muri atura 'o Kupe e tae roa i te piha hi'opo'a. Fa'a'ite maira 'o Lilia i te mātini hi'o fa'arahi. Panapana māite ihora i te mau to'a fanau'a nō te tu'u atu i roto i te tahi 'apu 'ōpārahurahu, fa'atano a'era i raro a'e i te hi'o nō te hi'opo'a i te reira.

«'A hi'o na i tā 'oe mau fanau'a to'a e 'au haere nei.»

Fa'a'ao a'era 'o Kupe nā te hi'o fa'arahi. E fa'ahiahia mau ā ! 'Ite mau atura 'oia i tō rātou huru pūrōroa. E piti a'e 'ū tō te fanau'a tāta'itahi, hō'ē i rōpū, 'e te tahi tore nā te hiti. Tē 'ite ato'a ra 'oia ē, e pūrara teie mau fanau'a 'ia 'au.

'Ite mau atura 'o Kupe ē te mea tāna i haru mai inapō e huero i'a ïa 'e te tātea tei ha'aputu.

«E hō'ē te huero 'e te tātea i roto i te moana 'a roa'a mai ai te tirotiro,» ha'amāramarama maira 'o Lilia. «Mai teie huru noa rātou e tae roa atu i te taime e mau atu ai i te tahi vāhi, i reira tō rātou e huru e taui ai, hou 'a riro roa mai ai 'araua'e 'ei to'a huhu'a.»

Most corals reproduce by releasing bundles containing both egg and sperm (eggs and sperm are called gametes) in a process known as "broadcast spawning". These bundles float upward to the surface of the ocean and break open, releasing the eggs and sperm into the water. Eggs are fertilized in the water column by sperm released from bundles produced by other corals, and an embryo is formed. The embryo develops into a larva (planula) that will swim for days in the water column until finding a suitable place on the reef to land and attach (coral biologists call the process of attaching to the reef "settlement"). Once settled onto the reef, the coral larvae will begin to lay down its skeleton. The new coral (coral biologists call these small, juvenile corals "recruits") continue to grow and form a coral colony.

E 'aere te rahira'a to'a nā roto i te purarara'a o te mau pūtē vaira'a huero 'ōvahine 'ano'i tatea tei pi'ihia tameta to'a. E pānu haere teie mau pū'ohu, 'a pata atu ai ma te fa'aora te mau huero 'ano'i tatea. I roto 'oia i te 'opape e hō'ē ai riro mai ai ei 'oifētō. E riro mai teie 'oifētō 'ei tirotiro tei pāinu haere e raverahi mahana e tae roa atu ai i te taime 'a piri ai i ni'a i te papa to'a ('ia au i te mau 'aivana'a, e piihia teie nei 'ohipa te « pirira'a » i ni'a i te a'au). 'Ia mau teie tirotiro i ni'a i te a'au, e tupu ivi 'oia. E tāmau noa teie to'a huhu'a i te tupu 'a riro mai ai 'ei uruana.

Kupe felt like a whole new world was opening up to him. He had so many, many questions. He and Lilia talked for a long time about his discovery.

Then Lilia told him, "A healthy environment is very important for the young corals. Without clean water, it may be hard for them to find a place to settle. If coral cannot settle, other animals that depend on them may not survive either."

Kupe thought about all of the creatures that he loved seeing in the ocean.

It was then that he realized just how important the young corals he had been carrying around all day actually were. They were important for the future of the reef that he and his friends loved so much.

"Would you like to come with me to return my corals?" Kupe asked. "We need to let them find a good place to live."

"Of course," Lilia said. "Let's go."

Hermit Crab
u'a

Ia Kupe ra, e ao 'āpī tei puta mai i mua iāna. E hia uiuira'a tē tāviriviri noa nei i roto i tōna ferurira'a. Paraparau noa ihora rāua 'o Lilia, maoro te taime, i ni'a i te 'ohipa tāna i 'ite mai.

Nā 'ō maira 'o Lilia i teie parau iāna: «'Ei vāhi oraora e ti'a ai nō te mau to'a fānau 'āpī. 'Ia 'ore te pape mā 'e te vi'ivi'i 'ore, i te tahi taime, e mea fifi nō rātou i te mau i te tahi vāhi. Mai te peu e'ita rātou e mau haere, e'ita ato'a te tahi mau i'a 'e 'ānimara e ora.»

Mana'o ihora 'o Kupe i te mau mea oraora ato'a tāna e au noa na i te māta'ita'i i roto i te moana.

Ta'a a'era iāna i te faufa'a rahi o teie mau to'a fānau 'āpī tāna i ta'ita'i haere noa nā muri iāna i teie mahana tā'āto'a. E mea faufa'a roa rātou nō te hotura'a o te a'au tāna 'e tā tōna mau hoa e poihere noa nei.

«E'ita 'oe e hina'aro e haere mai nā muri iā'u nō te fa'aho'i i teie mau to'a i roto i te miti ?» ani atura 'o Kupe. «E vaiho ïa rātou 'ia 'imi i te tahi vāhi maita'i e ora ai.»

«'Oia,» pāhono maira 'o Lilia. «Mai haere ana'e.»

Kupe and Lilia walked together to the end of the pier. Kupe bent down and held the cup out into the water. A gentle wave swept the precious bundles from the cup and carried them out to sea with it.

"Goodbye, little corals! Good luck in your journey," Kupe said.

He knew that the future of the reef depended on them.

Reva atura 'o Kupe rāua 'o Lilia i te uāhu. Māni'i a'era 'o Kupe i tāna fa'ari'i i roto i te miti. Fa'aho'i marū atura te 'are miti i nau fanau'a to'a i te moana.

«'A haere rā, e te mau to'a ri'i! 'Ia maita'i 'outou 'e 'a fa'aitoito i tō 'outou tere,» te reo ïa 'o Kupe, 'ua rahi tōna 'oa'oa i te 'ohipa i tupu i teie mahana.

'Ua 'ite mau 'oia ē, tei iā rātou ho'i te ora o te a'au.

Convict Tangs
Manini

Jacqueline L. Padilla-Gamiño

Jackie is an oceanographer and scientific diver whose research work has focused on coral reproduction, marine ecophysiology and global change biology. Since she was little, she enjoyed exploring and learning about the wonders of the ocean. She received her PhD from University of Hawaii and had the opportunity to explore and work on coral reefs around the world. Jackie is interested in connecting her work with society to make a difference in the preservation of marine ecosystems for the future.

Marjorie Leggitt

Marjorie Leggitt, a professional scientific illustrator, started her career at Chicago's Field Museum of Natural History dissecting and illustrating Australian land snails. Freelancing full-time since 1985, she illustrates text and trade books, professional journals, museum exhibits, and teaches botanical illustration at the School of Botanical Art and Illustration at the Denver Botanic Gardens. Over the past several years her long-time passion for children's literature and natural history has steered her art into the world of children's natural history book illustration. Surrounded by collections of starfish, feathers, exotic plant matter, and animal skeletons from travels around the world, Marjorie is most at home when drawing from nature. Visit her website at http://www.science-art.com/leggitt